AF196986

Ralf Schmitzer B.A.

Quick Logo Guide

Was ein gutes Logodesign ausmacht

© 2019 Ralf Schmitzer

1. Auflage (07/2019)

Layout & Illustration: Ralf Schmitzer

Lektorat, Korrektorat: Angelika Fleckenstein

Verlag und Druck: tradition GmbH, Hamburg

ISBN (Paperback) 978-3-7497-1179-6

ISBN (e-Book) 978-3-7497-1178-9

Wichtige Hinweise:

Aus Gründen der leichteren Lesbarkeit wird in der vorliegenden Fassung die gewohnte männliche Sprachform bei personenbezogenen Substantiven und Pronomen verwendet. Dies impliziert jedoch keine Benachteiligung des weiblichen Geschlechts, sondern soll im Sinne der sprachlichen Vereinfachung als geschlechtsneutral verstanden werden.

Der Verlag und der Autor haften nicht für nachteilige Auswirkungen, die in einem direkten oder indirekten Zusammenhang mit den Informationen stehen, die in dieser Publikation enthalten sind.

Das Werk, einschließlich seiner Teile, ist urheberrechtlich geschützt. Jede Verwertung ist ohne Zustimmung des Verlages und des Autors unzulässig. Dies gilt insbesondere für die elektronische oder sonstige Vervielfältigung, Übersetzung, Verbreitung und öffentliche Zugänglichmachung.

Inhaltsverzeichnis

Einführung

Logos haben eine ungeheure Macht. Sie können in Sekundenbruchteilen Emotionen auslösen, Werte kommunizieren, Aufmerksamkeit erzeugen oder Vertrauen bei der Zielgruppe schaffen. Nicht umsonst investieren große Konzerne viel Geld in Agenturen, die mit einem Team von Marketingexperten und Designern erstklassige Logos kreieren.

Was aber können kleinere Unternehmen tun, die sich ebenfalls ein professionelles Logo wünschen? Sie haben nicht die zeitlichen und finanziellen Ressourcen eines Konzerns, sind aber ebenso auf ein gutes Logo angewiesen, um ihre Unternehmenswerte optimal zu kommunizieren.

Gute Unternehmer fokussieren sich auf Ihre Stärken, weshalb die meisten das Logodesign aus guten Gründen delegieren. Dennoch gibt es ein paar Dinge, die ein Unternehmer mit überschaubarem Zeitaufwand tun kann, um die Qualität seines Logos maßgeblich zu beeinflussen.

Die Hauptursache für mangelhafte Logos liegt in der unklaren Zielsetzung an das Logodesign. Vor der

Gestaltungsphase ist es entscheidend, dass ein Unternehmer die wichtigsten Qualitätsmerkmale eines Logos kennt und die Anforderungen an das Logodesign festlegt. Das spart langfristig viel Ärger, Zeit und Geld.

Weil Zeit für jeden Unternehmer ein knappes Gut ist, habe mir große Mühe gegeben, die Kapitel kompakt zu halten und technische Sachverhalte so einfach wie möglich darzustellen. Das Buch ist ein praktisches Tool für Unternehmer/-innen, die sich der Bedeutung eines guten Logos bewusst sind, aber nicht unendlich viel Zeit in dieses Thema investieren wollen.

Der Aufbau des Guides ist stark praxisorientiert. Es geht hier ausdrücklich nicht darum, die Leser zu ultimativen Logo-Experten zu machen. Vielmehr geht es darum, mit überschaubarem Zeitaufwand die Qualitätskriterien und typischen Designfehler eines Logos kennenzulernen und daraus Anforderungen sowie Briefings für die Gestaltung des eigenen Unternehmenslogos abzuleiten.

Ich wünsche viel Spaß beim Lesen, vor allem aber Erfolg bei der Suche nach dem perfekten Logo.

Der Autor

Seit Abschluss meines Designstudiums 2009 bin ich freiberuflich als Designer tätig. Ich kenne beide Seiten der Medaille. Zum einen bin ich selbst Unternehmer und kenne den beruflichen Alltag sowie Zeit- und Geldmangel. Auf der anderen Seite habe ich in den vielen Jahren auch Logos für kleine- und mittelständische Unternehmen gestaltet.

Meine Erfahrung hat gezeigt, dass ich manche Logos mit einem klareren Briefing deutlich günstiger und besser hätte erstellen können. Unklare Kriterien und Vorgaben erzeugten unnötig viele Korrekturphasen, was für beide Seiten sehr unbefriedigend war. Aufträge mit einem klaren und stimmigen Briefing liefen hingegen fast immer perfekt.

Dabei kann ich mich aber auch in die Situation des Auftraggebers versetzen. Als Unternehmer macht es Sinn, sich auf die eigenen Stärken zu konzentrieren und die knappen zeitlichen Ressourcen sinnvoll einzusetzen. Das Design des Logos hat dabei unter Umständen nicht die Top-Priorität.

Diese Diskrepanz führt nicht selten zu einem unbefriedigenden Ergebnis, wenn es um das Unternehmenslogo geht. Über die Jahre entwickelte ich einen Kriterienkatalog für Logos sowie einen Fragebogen für meine Kunden, um unbefriedigende Ergebnisse zu vermeiden. Mir wurde klar, dass eine deutliche Übereinkunft der Ziele im Gestaltungsprozess der Schlüssel zu einem erstklassigen Unternehmenslogo ist.

Nun möchte ich mit diesem Projekt auch anderen Unternehmen helfen, ohne stressige Korrekturphasen und unzählige Korrekturen ein Logo zu finden, mit dem sie langfristig glücklich sind. Nicht zuletzt kann auch der ein oder andere Designer von diesem Buch profitieren. Vielleicht hilft es ja, die Kommunikation mit den Kunden zu erleichtern.

Logodesign einfach delegieren? Nein!

Die Hauptaufgabe eines Logos ist die klare Kommunikation zwischen Unternehmen und Zielgruppe. Im Idealfall wirft der Betrachter nur einen kurzen Blick auf das Logo und kennt sofort die Werte des Unternehmens.

Ein schlechtes Logo erschwert hingegen die Kommunikation zwischen Unternehmen und Zielgruppe. Beispielsweise weil es aufgrund von Designmängeln vom Betrachter nicht richtig wahrgenommen werden kann. Oder das Unternehmen hat sich wegen Designmängeln entschieden, das alte Logo durch ein neues zu ersetzen, an das sich die Zielgruppe erst wieder gewöhnen muss. In beiden Fällen kann das knappe Marketingbudget die Wirkung für das Unternehmen nicht voll entfalten. So kommt es zu teuren Marketingmaßnahmen mit vergleichsweise wenig Effizienz.

Gute Logos funktionieren auf allen gängigen Medien und kommunizieren die Werte und Leistungen eines Unternehmens klar und deutlich.

Weil niemand die Werte des Unternehmens so gut kennt wie der Unternehmer selbst, sollte er sich die Zeit nehmen, um die Ziele und Anforderungen des Logos zu formulieren. Schließlich geht es darum, mit dem Logo die eigenen Unternehmenswerte klar zu kommunizieren, um künftige Marketingmaßnahmen möglichst effizient zu gestalten und somit wertvolle unternehmerische Ressourcen einzusparen. Die investierte Zeit wird sich also langfristig auszahlen.

Logo Basics
kennenlernen

Die Qualitätskriterien eines Logos

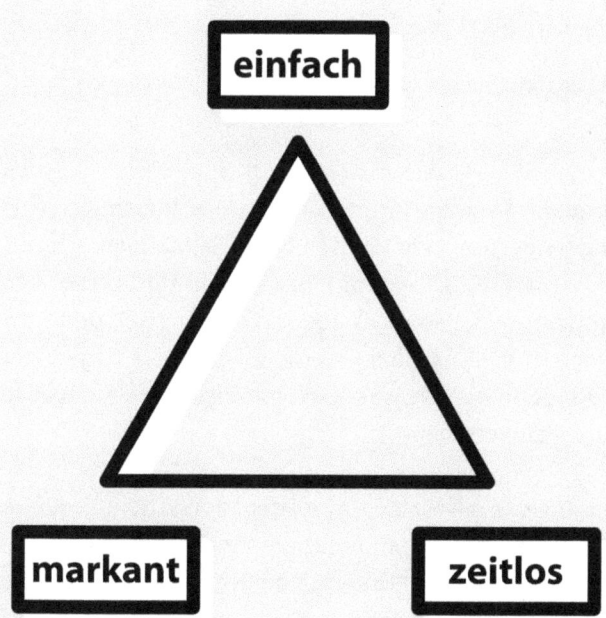

Einfach

Beginnen wir diesen Abschnitt mit einem kleinen Sinnbild: Stellen wir uns vor, dass uns gegenüber eine andere Person steht. Sie soll einen Ball fangen, den wir ihr zuwerfen. Bei einem einzigen Ball dürfte das kein Problem sein. Wie ist es aber, wenn wir zwei, drei oder mehrere Bälle auf einmal werden? Für unsere Gegenüber wird es immer schwieriger, mit der Flut von Bällen zurechtzukommen.

Das Gleiche gilt für die Anzahl der Informationen, die wir in unserem Logo kommunizieren möchten. Es ist kaum möglich, die Unternehmensmission, mehrere

Unternehmenswerte und das Alleinstellungsmerkmal des Unternehmens auf einmal zu kommunizieren. Kein Logodesign kann diese Mammutaufgabe bewältigen und – viel wichtiger – kaum jemand in der Zielgruppe kann all die Informationen aufnehmen.

Stattdessen ist es sinnvoll, sich auf eine zentrale Aussage zu konzentrieren. Sie sollte für uns als Unternehmer, aber auch für unsere Zielgruppe relevant sein. Diese Kernaussage ist die Basis für das Logodesign, welches nun die volle Kommunikationskraft entfalten kann und die gewünschte Information auch tatsächlich an die Zielgruppe übermittelt. Durch diese Reduktion kann ein leicht identifizierbares Logo entstehen, welches klar und markant die Informationen kommunizieren kann.

Beispiel:
Ein guter Versanddienstleister liefert Pakete schnell, zuverlässig und sicher. Natürlich möchte er gerne, dass möglichst alle Attribute im Logo kommuniziert werden. Besser ist es aber, das für den Unternehmer und die Zielgruppe wichtigste Alleinstellungsmerkmal des Unternehmens herauszugreifen und nur dieses in die Symbolik des Logos mit aufzunehmen.

Markant

Ein wichtiger Punkt ist auch die Originalität des Logos. Es sollte frei von Klischees sein. Das heißt: Nicht jede Sicherheitsfirma braucht ein Schloss im Logo. Nicht jeder Pizzalieferservice muss im Logo mit der italienischen Flagge werben. Die Kunst im guten Logodesign liegt darin, die Informationen eines Unternehmens klar zu formulieren, ohne dabei eine langweilige Symbolik zu verwenden. Das muss nun nicht heißen, dass beispielsweise ein Paketzusteller auf ein Paketsymbol im Logo zwangsläufig verzichten muss. Es sollte dann aber zumindest eine originelle Darstellung mit einer erstklassigen Designidee haben. Daneben kann auch die symbolische Darstellung der eigenen Unternehmenswerte oder der eigenen Unternehmensmission (wie im ersten Punkt beschrieben) eine gute Möglichkeit sein, um langweilige Logo-Klischees zu vermeiden. Originelle Logos lassen sich zudem auch besser beim Markenamt schützen (siehe S.24). Neben der deutlich stärkeren Kommunikationskraft ist dieser Markenschutz ein weiterer Grund, weshalb die Originalität ein wichtiges Qualitätskriterium für ein Logo ist.

Zeitlos

Gute Logos sind auf eine langfristige Kommunikationsstrategie ausgelegt. Beispielsweise ist eine Anwaltskanzlei mit drei Anwälten besser beraten, die Unternehmenswerte im Logo zu kommunizieren, statt die aktuelle Anzahl der Kanzleipartner grafisch in das Logo einfließen zu lassen. Schließlich kann es leicht passieren, dass neue Partner zur Kanzlei hinzukommen oder aber Partner die Kanzlei verlassen. Ein Logo, welches symbolisch drei verschiedenfarbige Kreise für die Anzahl der Partner gewählt hätte, wäre dann nicht mehr ganz so sinnvoll. Ebenso wie die Anzahl der Kanzleipartner kann sich in anderen Unternehmen auch die Zielgruppe (B2B<>B2C) oder das Produktportfolio ändern. Insbesondere Gründer bzw. Start-Ups sind mit diesem Problem konfrontiert, weil das eigene Geschäftsmodell unter Umständen noch erforscht und angepasst werden muss. Falls das eigene Logo nicht nur aus einem Schriftzug besteht, sondern zusätzlich grafische Elemente enthalten soll, ist es also sinnvoller das Logodesign an längerfristigen Unternehmenseigenschaften auszurichten. Was kann das sein?

Eine starke Unternehmensmission:
Eine ambitionierte und langfristige Mission für das eigene Unternehmen kann eine Möglichkeit sein, um als Symbolik für das eigene Logo zu dienen.

Beispiel:
Eine Umweltschutzorganisation hat sich zum Ziel gesetzt Plastikmüll zu bekämpfen, um die Umwelt zu schützen. Logo 1 würde nun ziemlich klar den konkreten Ansatz kommunizieren. Logo 2 zeigt hingegen die langfristige Mission der Umweltschutzorganisation und ist somit flexibel genug, um auch weitere Maßnahmen zum Umweltschutz abbilden zu können.

Unternehmenswerte:
Zuverlässigkeit, Loyalität oder Fairness sind nur drei Beispiele für tolle Unternehmenswerte. Es gibt noch viele weitere. Gute Unternehmenswerte (die der Zielgruppe wichtig sind und gleichzeitig im eigenen Unternehmen gelebt werden) bestehen langfristig und sind deshalb ebenfalls geeignet, um im Logo symbolisch dargestellt zu werden.

Zusammenfassung:

- Ein gutes Logo ist **zeitlos**, weil es langfristige unternehmerische Werte oder Missionen darstellt.
- Ein gutes Logo kommuniziert nur die wichtigsten Merkmale. Dies reduziert die Komplexität und sorgt für eine **einfache** und klare Darstellung.
- Ein gutes Logo besitzt eine **markante** Form und verzichtet auf klischeehafte Darstellungen.

Fehler vermeiden

vermeiden
Erstens: Strategische Fehler

Die Entwicklung im stillen Kämmerlein

Immer die Meinung der Zielgruppe einholen

Warum ist das wichtig?

Im Gestaltungsprozess passiert es oft, dass wir betriebsblind werden. Viele Modifikationen im Entwicklungsprozess sorgen dafür, dass die Kernaussage des Logos verwässert wird und dadurch die Symbolik am Ende nicht mehr ganz klar rüberkommt. Im schlimmsten Fall sieht unsere Zielgruppe etwas komplett anderes, als das, was wir uns vorstellten.

Wie kann dieser Fehler vermieden werden?

Es ist naheliegend, einfach die Personen im unmittelbaren Umfeld zu fragen, um sich eine zweite Meinung einzuholen. Das ist im ersten Schritt auch okay. Viel wichtiger ist allerdings, was die tatsächliche Zielgruppe über unser Logo denkt. Am Ende ist es nämlich die Zielgruppe, die unsere Produkte und Dienstleistungen kaufen soll und nicht unbedingt Bekannte und Familienmitglieder. Die folgenden Punkte sollten deshalb bei einer oder mehreren Personen, welche zur potenziellen Zielgruppe gehören, nachgefragt werden.

- Was ist auf dem Logo zu sehen?
- Wirkt das Logo seriös?
- Passt das Logo zu meinem Unternehmen?
- Wirkt das Logo ansprechend?
- Könnte man peinliche oder unangenehme Dinge in das Logo interpretieren?

Fehlender Markenschutz

Wichtige Logos sollten geschützt werden

Warum ist das wichtig?

Ohne Markenschutz können Mitbewerber das Logo kopieren, selbst nutzen und im schlimmsten Falle die weitere Nutzung des ursprünglich selbst konzipierten Logos sogar untersagen.

Wie kann dieser Fehler vermieden werden?

Logos können für Deutschland beim Deutschen Patent- und Markenamt (www.dpma.de) eingetragen werden. International gibt es die World Intellectual Property Organization (www.wipo.int). Beide Portale haben Datenbanken, in denen sich bereits eingetragene Markenzeichen und Logos recherchieren lassen. Die Eintragung ist in Deutschland ab ca. 300 EUR möglich und gilt für 10 Jahre (kann dann um weitere 10 Jahre verlängert werden). Insbesondere Unternehmen, die Produkte verkaufen, sollten sich das eigene Logo entsprechend schützen lassen.

Direktlink zur Markenrecherche beim Deutschen Patent- und Markenamt:

register.dpma.de/DPMAregister/marke/einsteiger

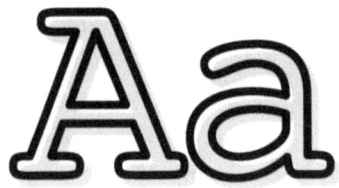

Logo ausschließlich aus generischer Schrift

Ein Schriftzug aus einer Standardschriftart ist noch kein Logo

Warum ist das wichtig?

Es gibt Unternehmen, die auf Bildelemente im Logo verzichten und lediglich auf einen Schriftzug setzen. Das ist okay, solange sich der Schriftzug durch besondere

Akzente auszeichnet oder die Schriftart speziell für das Unternehmen entwickelt wurde. Textlogos die lediglich aus generischen Schriften (bspw. Arial oder Times) bestehen, verlieren hingegen an Exklusivität und Wirkung.

Wie kann dieser Fehler vermieden werden?

Um ein textbasiertes Logo einzigartig zu machen, sollte es entweder aus einer eigenen exklusiven Schriftart bestehen oder neben der Schrift einen weiteren zusätzlichen Akzent aufweisen.

EXPRESS TONSTUDIO

EXPRESS TONSTUDIO♪

Logodesign imitieren

Es ist okay, Inspirationen von anderen Logos in das eigene Logo einfließen zu lassen. Imitationen dürfen aber nicht sein!

Warum ist das wichtig?

Neben der fehlenden Originalität kann es auch markenschutzrechtliche Probleme geben, wenn das eigene Logo das Imitat eines anderen Logos ist.

Wie kann dieser Fehler vermieden werden?

Falls wir die Gestaltung des Logos in Auftrag gegeben haben, wissen wir als Auftraggeber meist nicht, ob der Designer ein anderes Logo imitiert hat. Das können wir aber einfach prüfen. Suchmaschinen bieten eine Bilder-Rückwärtssuche an. D. h. wir laden unser Logo als Bilddatei (jpg oder png) hoch und die Suchmaschine gibt uns ähnliche Bilder aus. Bei Google geht dies unter der Kategorie Bilder. Dort gibt es ein Kamerasymbol im Suchfeld, wo wir unser Logo hochladen und nach ähnlichen Bildern suchen können.

Langweilige Klischees

Klischees beim Logodesign gehen auf Kosten der Originalität

Warum ist das wichtig?

Ein gutes Alleinstellungsmerkmal ist die Basis für unseren geschäftlichen Erfolg. Wie mit unserem Unternehmen sollten wir uns auch mit dem Logodesign deutlich von anderen Mitbewerbern abgrenzen. Langweilige Klischees in der Symbolik stören uns bei diesem Vorhaben.

Wie kann dieser Fehler vermieden werden?

Es ist ein schmaler Grat. Zum einen wollen wir keine langweiligen Klischees in der Symbolik unseres Logos haben, zum anderen sollen die Kunden aber auch sofort wissen, worum es in unserem Unternehmen geht. Es lohnt sich, für die Symbolik des eigenen Logos ein kurzes Brainstorming anzusetzen und nicht direkt das erste Bild zu wählen, das einem in den Sinn kommt.

Keine Identifikation mit dem eigenen Logo

Das Logo muss auch uns als Unternehmer gefallen

Warum ist das wichtig?
Unser Logo sollten wir genauso stolz wie unsere Produkte oder Dienstleistungen präsentieren. Deshalb ist es wichtig, dass das Logo nicht nur die Zielgruppe anspricht, sondern auch dem Unternehmer gefällt.

Wie kann dieser Fehler vermieden werden?
Im Gestaltungsprozess sollten wir darauf achten, dass Farben, Formen und Schriften verwendet werden, die uns auch persönlich ansprechen und gefallen.

Fehler
vermeiden

Zweitens: Gestalterische Fehler

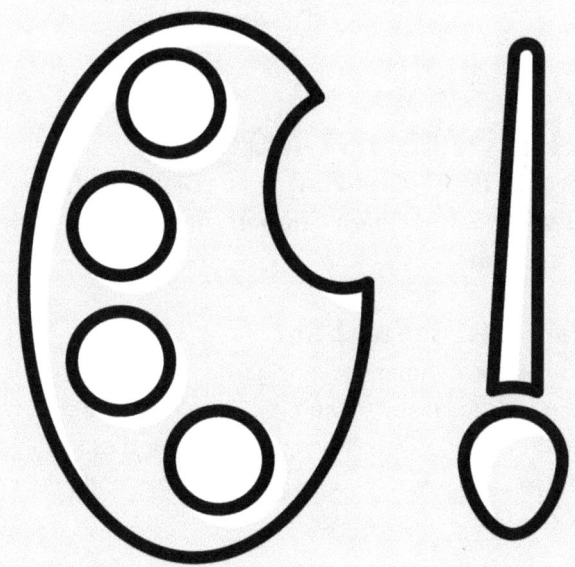

Cliparts im Logo

Vorgefertigte Grafiken aus Clipart-Katalogen oder Stockportalen haben im Logo nichts zu suchen

Warum ist das wichtig?

Jedes Unternehmen ist einzigartig. Das Logo sollte es auch sein. Auch andere können diese Grafik nutzen, weil wir keine exklusiven Nutzungsrechte für diese Grafiken besitzen. So werden Logos austauschbar und verlieren an Kommunikationskraft.

Wie kann dieser Fehler vermieden werden?

Falls wir nicht selbst ein eigenes Bildelement für unser Logo kreieren wollen, sollten wir einen Designer beauftragen. Dieser muss uns <u>schriftlich</u> die exklusiven Nutzungsrechte zusichern.

MUSIKSCHULE
MEYER

MALERMEISTER
MEYER

Grafische Effekte

Es gibt nur selten einen guten Grund, das eigene Logo mit Schlagschatten, Kontureneffekten oder Farbverläufen zu versehen.

Warum ist das wichtig?

Grafische Effekte wirken schnell verspielt und gehen auf Kosten der Einfachheit, die ein gutes Logo auszeichnet. Oft leidet auch die Lesbarkeit der Schriften unter Effekten wie z. B. Schlagschatten.

Wie kann dieser Fehler vermieden werden?

Ein gutes Logo kommt in der Regel mit einer geringen Auswahl an Farben aus. Farbverläufe über das gesamte Farbspektrum sind deshalb tabu. Das Gleiche gilt für Schatten. Falls wir selbst das Logo in eine Präsentation oder einen Flyer einfügen, dann sind wir gut beraten die Effekt-Palette des Programms einfach zu ignorieren. Logo einfügen, skalieren – that's it!

MEYER
Floristik & Gärtnerei

MEYER
Floristik & Gärtnerei

Kleine Details

Logos sind keine Gemälde. Gute Logos vermeiden kleine Detailgrafiken und kleine Schriften

Warum ist das wichtig?

Es gibt Szenarien, in denen das Logo nur sehr klein dargestellt werden kann. Kleine Grafiken oder Schriften im Logo verschwinden dann oder wirken unscharf, weshalb professionelle Logos auf solche Details verzichten. Richtig deutlich wird das, wenn unser Logo neben anderen Logos auf kleinen Flyern erscheint. Oder wenn wir aus Kostengründen eine sehr kleine Werbeanzeige buchen, auf die wir noch verzweifelt unser Logo platzieren wollen. Es ist ärgerlich, wenn wir viel Geld für die Werbemaßnahme ausgeben und das Logo gar nicht richtig zur Geltung kommt. Kleine Grafiken oder Schriften findet man deshalb so gut wie nie in professionellen Logos.

Wie kann dieser Fehler vermieden werden?

Wir können die Darstellung testen, indem wir das Logo sehr klein ausdrucken (1 cm–2 cm Breite) oder es auf einem Computer in sehr kleiner Auflösung (unter 64 Pixel) speichern und danach öffnen. Sind alle grafischen Elemente gut erkennbar? Ist die Schriften noch gut lesbar? Beide Fragen sollten wir mit »Ja« beantworten können.

Designtrends
Das Design eines guten Logos ist zeitlos

Warum ist das wichtig?

Wenn sich ein Logodesign hauptsächlich über einen Designtrend definiert, kann das langfristig zu Problemen führen. Das Logo wirkt künftig altbacken und muss unter Umständen erneuert werden.

Ein Beispiel dafür ist das Redesign vieler App Icons für Smartphones. Alles war früher glänzend und mit Texturen versehen. Viele Logos nahmen diesen Trend auf. Plötzlich waren flache reduzierte Grafiken wieder »in«.

Schlagartig wirkten viele Logos (z. B. das Logo von Instagram) überholt und mussten überarbeitet werden.

Wie kann dieser Fehler vermieden werden?

Gute Logos sind zeitlos. Sie erreichen dies durch eine einfache und klare Formsprache ohne grafische Effekte und anderen Schnickschnack. Auffällige Texturen, angesagte Trendfarben oder Schriften, die in wenigen Jahren »out« sind, sollten wir deshalb mit Bedacht einsetzen. Je simpler das Logodesign ist, desto höher ist die Chance, es längerfristig einsetzen zu können.

Falsche Farbwahl

Die gewählte Farbe muss zu uns und unserem Unternehmen passen sowie die Zielgruppe ansprechen

Warum ist das wichtig?

Farben berühren uns auf einer emotionalen Ebene und rufen bestimmte Gefühle in uns hervor. Falls wir uns für ein farbiges Logo entscheiden, sollten wir die Kommunikationskraft stärken und uns die Wirkung von Farben zunutze machen. Ein wahllose Farbwahl kann hingegen kontraproduktiv wirken.

Wie kann dieser Fehler vermieden werden?

Die Wirkung von Farben ist kulturell unterschiedlich. Während in der westlichen Welt Schwarz mit Trauer in Verbindung gebracht wird, dient bei Japanern die Farbe Weiß dem Ausdruck von Trauer. Die folgende Tabelle zeigt, welche Farben welche Wirkungen in unserem Kulturkreis erzeugen. Wir sollten diese Kenntnisse nutzen, um die passende Farbe für das eigene Logo zu finden.

Farbe	Positive Assoziationen	Negative Assoziationen	Lieblingsfarbe in % Frauen / Männer
Blau	still, entspannend, vertrauensvoll, verlässlich, autoritär, stark	kalt, unpersönlich, depressiv, langweilig	36 / 40
Rot	stark, mutig, leidenschaftlich, dynamisch, aktiv, verführerisch, warm, vital	gefährlich, aggressiv, dominant, arrogant, brutal, zornig, laut, aufregend	20 / 20
Orange	kreativ, freundlich, warm, einladend, vital, jung, fröhlich	billig, unseriös, aufdringlich, laut, unruhig	1 / 0
Gelb	freundlich, glücklich, optimistisch	aufdringlich, giftig, feige, neidisch	4 / 5
Grün	natürlich, entspannend, ruhig, positiv, harmonisch, erholsam	unreif, sauer, bitter, unerfahren	12/ 12

Farbe	Positive Assoziationen	Negative Assoziationen	Lieblingsfarbe in % Frauen / Männer
Violett	außergewöhnlich, magisch, fantasievoll, modisch, originell, kreativ	unnatürlich, unsicher, unsachlich, künstlich, zweideutig	5 / 1
Schwarz	professionell, seriös, elegant, klassisch, neutral, sachlich, modern, funktional	düster, traurig, einsam	8 / 8
Weiß	schlicht, minimalistisch, neutral, sauber, rein	kalt, steril, leer	3 / 3
Grau	sachlich, elegant, professionell, förmlich	langweilig, charakterlos, trist, deprimierend	0 / 3
Braun	warm, erdverbunden, natürlich, zuverlässig, traditionell	schwer, zurückgezogen, bequemlich, altmodisch, dreckig, traurig	2 / 1
Rosa	geborgen, ruhig, gelassen, zart	zurückhaltend, schüchtern	8 / 2

Quelle zu Daten bzgl. Lieblingsfarbe:
http://www.metacolor.de/farben/lieblingsfarben.htm

Zu viel Text im Logo
Claims und Slogans sind nicht Teil des Logos

Warum ist das wichtig?

Bilder können wir uns in der Regel deutlich schneller einprägen als Text. Das ist ein Grund, weshalb ein Logo möglichst wenig Schriftzeichen enthalten soll. Außerdem kann es bei kleineren Darstellungen eines Logos zu Problemen kommen, wenn es zu viel Text enthält. Dieser wird dann schnell unleserlich.

Wie kann dieser Fehler vermieden werden?

Der Produktname oder Firmenname (bei langen Firmenbezeichnungen sind Abkürzungen sinnvoll) sollten die einzigen Textelemente deines Logos sein. Claims oder Slogans sind keine Bestandteile des Logos. Deshalb werden diese besser separat auf der Website oder im Flyer gesetzt.

CITY GRILL
DÖNER & PIZZA HAUS
Döner, Pizza, Pasta und mehr

CITY GRILL

Fotografie als Bildelement

Fotos im Firmenlogo sind tabu!

Warum ist das wichtig?

Fotografien sind für die Darstellung eines Logos zu komplex. Das ist problematisch bei kleinen Darstellungen des Logos. Außerdem lassen sich Fotos nicht unendlich skalieren *(siehe »Gerasterte Logos«)*

Wie kann dieser Fehler vermieden werden?

Statt aus Fotografien sollte das Bildelement eines Logos immer als Illustration (im Vektorgrafik-Format) mit einer definierten Farbauswahl vorliegen. Das sorgt für eine klare Form- und Farbgebung und macht das Logo fit für eine optimale Darstellung in verschiedenen Medien.

MUSIKSCHULE
MUSTERMANN

MUSIKSCHULE
MUSTERMANN

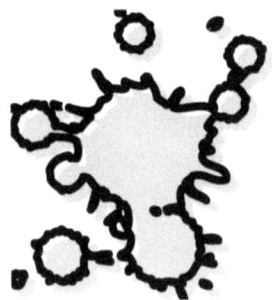

Diffuse Silhouette als Bildelement
Die perfekte Silhouette ist einfach und trotzdem markant

Warum ist das wichtig?
Komplexe Bildelemente mit diffusen Silhouetten speichern sich nur schwer in unserem Gedächtnis. Das geht zu Lasten der Kommunikationskraft.

Wie kann dieser Fehler vermieden werden?
Für die Symbolik ist es ratsam, dass sich das Bildelement aus einfachen geometrischen Formen zusammensetzt.

Statt aus komplexen Grafiken oder Fotografien bestehen gute Logos aus einer einzigartigen, aber dennoch einfachen Silhouette. Oftmals bestehen gute Logos aus der geschickten Kombination einfacher geometrischer Formen. Besonders gut kann man die Qualität dieser Silhouette messen, indem man das gesamte Logo schwarz einfärbt oder seinen Schattenwurf erfasst. Auch Zeichner von Cartoon-Figuren nutzen diese Technik, um eine Figur mit hohem Wiedererkennungseffekt zu schaffen. Wenn auch Kinder die Silhouette des Logos nachzeichnen können, die Form aber dennoch markant ist, dann haben wir die perfekte Form für das Logo gefunden.

Viele verschiedene Schriften

Der Textteil eines Logos sollte maximal zwei verschiedene Schriftarten beinhalten

Warum ist das wichtig?

Der Fokus eines Logos sollte auf dem Bildelement liegen. Verschiedene Schriftarten im Textbereich des

Logos lenken davon zu sehr ab. Zu viele Schriftarten machen ein Logo auch unruhig und zu komplex.

Wie kann dieser Fehler vermieden werden?

Gestalterisch sieht es schön aus, wenn verschiedene Schriftschnitte aus einer Schriftfamilie kombiniert werden. Beispielsweise wenn ein Teil regulär und ein anderer Teil fettgedruckt dargestellt ist. Für die Einfachheit des Logos ist es besser, den Textanteil und die Auswahl der Schriftarten auf das absolute Minimum zu reduzieren.

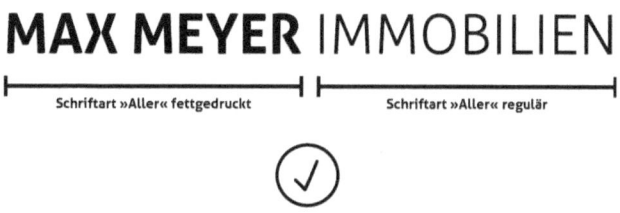

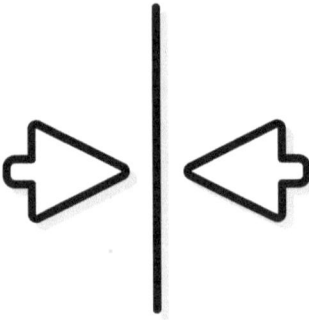

Dünne Schriften und Linien

Dünne Elemente gefährden die Skalierbarkeit

Warum ist das wichtig?

Ein gutes Logo muss auch auf sehr kleinem Raum funktionieren. Dünne Schriften oder Linien sind bei klein skalierten Logos für ein unklares Schriftbild verantwortlich. Insbesondere sind dünne Schriften und

Linien ein Problem, wenn diese in weißer Farbe auf einen farbigen Untergrund gedruckt werden, oder das Logo in geringer Auflösung auf einer Website platziert wird.

Wie kann dieser Fehler vermieden werden?

Die gewählte Schriftstärke im Logo sollte mindestens auf »regular« bzw. »normal« eingestellt sein. Besser für die kleine Darstellung ist »fett« bzw. »bold«. Werden dunkle Linien auf hellem Hintergrund gedruckt, muss die Linienstärke mindestens 0,25 pt (0,09 mm) betragen. Bei hellen Linien auf dunklem Hintergrund muss die Linienstärke mindestens 0,5 pt (0,18 mm) betragen. Sollte aus kommunikativen Aspekten eine dünne Schrift erforderlich sein (z. B. Fitnessmarke, die mit dünner Schrift die Kommunikation im Logo hervorhebt) so sollten bei entsprechender Skalierung die oben genannten Linienstärken dennoch nicht unterschritten werden.

Die falsche Schriftart
Die Schriftart für das Logo sollte sorgfältig gewählt werden

Warum ist das wichtig?
Unpassende oder unprofessionelle Schriftarten schränken die Kommunikationskraft des Logos ein und können im eigenen Corporate Design zu Problemen führen. Viele freie Schriftarten enthalten beispielsweise keine Umlaute wie »ä, ü, ö, ß« im Zeichensatz, da diese nur amerikanische Schriftzeichen beinhalten. Das kann

zum Problem werden, wenn wir die Schriftart des Logos auch für unsere Geschäftsbriefe und Visitenkarten verwenden möchten.

Wie kann dieser Fehler vermieden werden?

Bevor wir uns für eine Schriftart entscheiden sollten wir unbedingt die Umlaute und Sonderzeichen »§, $, %, &, € …« ausprobieren. Sind alle Zeichen vorhanden geht es noch um die Frage, ob die gewählte Schriftart zum Kommunikationsziel passt. Schließlich soll die gewählte Schriftart die Aussage des Logo unterstreichen.

Ausdruck	Traditionell	Modern	Spaß
Schrift-familie	Serifenschriften	Sans-Serif Schriften	Verspielte Schriften
Beispiel Schriftart	Times, Times New Roman	Roboto, MyriadPro	Marker Felt, Zapfino

Typografische Kuckuckseier

Ein „ß" darf nie zwischen Großbuchstaben erscheinen

Warum ist das wichtig?

Einige Logos beinhalten den Namen des Firmeninhabers. Enthält dieser Name ein „ß" so sollte dieser

Buchstabe niemals zwischen Großbuchstaben gesetzt sein. Typografen nennen dies das »Kuckucksei«, weil hier unfreiwillig Klein- mit Großbuchstaben vermischt werden. Das wirkt in jedem Fall unprofessionell.

Wie kann dieser Fehler vermieden werden?

Falls ein „ß" im Logotext erscheinen soll, ist es am einfachsten, innerhalb des Logos Groß-und Kleinschreibung zu verwenden. Möchte man nicht auf Großschreibung in Verbindung mit dem „ß" verzichten, dann bietet es sich an den in der Rechtschreibreform neu eingeführten Großbuchstaben für das „ß" zu verwenden -> ẞ. Voraussetzung ist, dass die gewählte Schriftart dieses Schriftzeichen beinhaltet (Bspw. Arial oder Times New Roman).

WEIß & PARTNER
ARCHITEKTURBÜRO

Weiß & Partner
Architekturbüro

Verstümmelte Gedankenstriche

Das »Minuszeichen« ist kein Gedankenstrich

Warum ist das wichtig?

Neben dem zuvor erwähnten »typografischen Kuckuck-sei« gibt es auch noch einen weiteren typografischen Fehler. Der Divis (-) ist nur halb so lang wie der Gedankenstrich (–). Oft wird statt dem eigentlich korrek-ten Gedankenstrich der Divis eingesetzt, weil er auf der Tastatur über die Minustaste einfacher zu erreichen ist. Der Gedankenstrich ist mit ALT + Minuszeichen (MAC) oder STRG + Minuszeichen (Windows) erreichbar. Häufig findet sich dieser Fehler, wenn unter das Logo noch die Jahreszahlen für ein Firmenjubiläum gesetzt werden z. B. 1910–2010.

Wie kann dieser Fehler vermieden werden?

Wir müssen lediglich wissen, wann ein Divis und wann der Gedankenstrich im Text verwendet wird.

Der Divis kommt immer dann zum Einsatz, wenn Wörter getrennt werden wie z. B. tren-nen, tei-len. Das gleiche Textzeichen wird auch als Bindestrich zum Verbinden von Wörtern eingesetzt wie z. B. bei Kopf-an-Kopf-Rennen oder als Ergänzungsstrich wie z. B. bei Haupt- und Nebeneingang oder Student/-innen.

Der Gedankenstrich wird u. a. in folgenden Textpassagen eingesetzt:

- am Anfang einer Aufzählung (sog. Spiegelstrich)
- als Minuszeichen in Texten (–3°C)
- als Währungsstrich bei runden Beträgen (99,– € oder –,98€)
- Anstelle des Wortes »bis« (13:00–17:00 Uhr, A–Z)
- zum Hervorheben eines Zwischensatzes (Wir fuhren – als es hell wurde – in den Urlaub)
- als Gegenstrich (im Halbfinalspiel Deutschland–Italien)

Dieses Wissen hilft uns dann auch bei allen weiteren geschäftlichen Korrespondenzen.

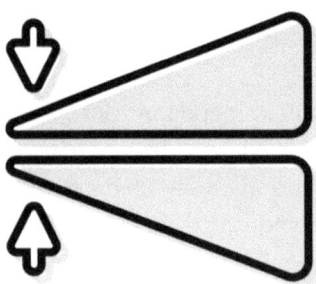

Schwache Kontraste

Kontrastreiche Logos funktionieren oft besser

Warum ist das wichtig?

Hellgraue oder helle Farbtöne funktionieren nicht auf jedem Medium. Beispielsweise sind entsättigte und kontrastarme Logos auf Beamerpräsentationen mit schlechten Lichtverhältnissen nur schwer wahrnehmbar und können somit an Bedeutung verlieren.

Wie kann dieser Fehler vermieden werden?

Für manche Unternehmen gibt es gute Gründe auf dezente Farben und Kontraste zu setzen. Falls die strategische Ausrichtung des Logos aber keine Pastellfarben voraussetzt, sollte das Logo mit satten Farben und starken Kontrasten ausgestattet sein. Dabei können stellenweise auch dezentere Farben eingesetzt werden. Die Grundform des Logos sollte immer einen starken Kontrast zum jeweiligen Hintergrund aufweisen.

FULL SERVICE AGENTUR

FULL SERVICE AGENTUR

Farbchaos

Ein einfaches und prägnantes Farbschema stärkt die Kommunikationskraft unseres Logos

Warum ist das wichtig?

Manche Unternehmen kann man auch ohne Logo nur an ihrem originellen Farbschema erkennen. Denken wir beispielsweise an die Deutsche Telekom, Google oder an Nationalfarben. Alleine durch die Farbkombination können wir ein Unternehmen oder ein Land zuordnen. Bei der Konzeption eines farbigen Logos sollte deshalb der Wahl eines Farbschemas besondere Bedeutung zukommen, da unklare Farbschemata die Kommunikationskraft unseres Logos schwächen können.

Wie kann dieser Fehler vermieden werden?

Im Abschnitt »Falsche Farbwahl« haben wir eine passende Hauptfarbe für das Logo gefunden. Nun gilt es, eine weitere Akzentfarbe zu finden. Die zusätzliche Farbe sollte möglichst kontrastreich zur vorherigen Farbe sein.

In der Gestaltungslehre gibt es verschiedene Kontrastmöglichkeiten (bspw. Warm-Kalt-Kontrast, Komplementär-Kontrast, Bunt-Unbunt-Kontrast). Schöne Farbkombinationen finden sich beispielsweise auf Adobe® Color (https://color.adobe.com).

Natürlich kann uns zu diesem Thema auch ein guter Designer beraten, wenn wir ihn darauf hinweisen. Es lohnt sich, etwas Mühe in ein passendes Farbschema zu stecken, weil ein prägnantes Farbschema die Kommunikationskraft unseres Logos deutlich erhöhen kann.

Beispiele für Farbkombinationen und Assoziationen:

- **Sicherheit:** Grün, Blau, Weiß
- **Professionalität:** Schwarz, Blau
- **Vertrauen:** Blau, Weiß
- **Leistung:** Blau, Gold, Rot
- **Luxus:** Gold, Schwarz, Grau, Silber

Fehler
vermeiden
Drittens: Technische Fehler

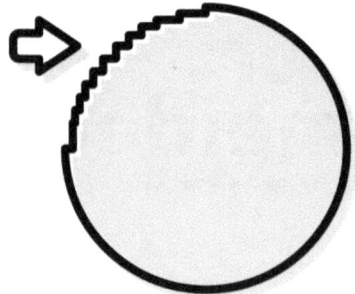

Gerasterte Logos

Logos müssen auch bei starker Vergrößerung gestochen scharf sein. Gerasterte Logos beschränken dies

Warum ist das wichtig?

Logos werden auf die unterschiedlichsten Medien gedruckt. Vielleicht sieht unser Logo im gerasterten Format auf einem Briefbogen noch gut aus, aber wie ist das auf einem großen Plakat, einem Firmenschild oder als Aufkleber am Schaufenster? Gerasterte Grafiken wirken bei einer geringen Auflösung schnell unscharf und unprofessionell.

Wie kann dieser Fehler vermieden werden?

Falls wir selbst das Logo gestalten oder bearbeiten, sollten wir dazu ein Programm speziell für Vektorgrafik nutzen. Es gibt auch kostenfreie Programme. Eine entsprechende Liste befindet sich im Kapitel »Ressourcen«. Wird die Grafik von einem Designer geliefert, dann sollten wir auf das gelieferte Dateiformat achten. Formate wie SVG, EPS oder PDF können Vektoren speichern – JPEG, BMP oder TIFF können das nicht. Dateiformate für Vektorgrafiken haben in der Regel auch eine sehr geringe Dateigröße. Um ganz sicher zu gehen, müssen wir aber die Datei öffnen und sehr stark vergrößern. Falls alles klar dargestellt wird, liegt das Logo als Vektordatei vor und ist somit auch für großformatige Werbeauftritte bestens vorbereitet.

Falsches Farbmodell

Logos sollten immer in einem Farbmodell für Computerbildschirme und in einem Farbmodell für den Druck vorliegen

Warum ist das wichtig?

Ein falsches Farbmodell führt in der Regel zu einer verfälschten Darstellung der Farben auf dem jeweiligen Medium. Farben, die auf dem Bildschirm korrekt angezeigt werden, können beim Druck dann erheblich abweichen.

Wie kann dieser Fehler vermieden werden?

Zum Thema Farbmanagement wurden schon ganze Bücher geschrieben. Es würde den Rahmen dieses Buches sprengen. Deshalb hierzu nur die Grundlagen. Unser Logo sollte einmal als RGB Version und einmal als CYMK Version vorliegen. Die RGB Version des Logos ist für Darstellung auf Bildschirmen vorgesehen. Dazu zählen beispielsweise Bildschirmpräsentationen, Websites, Social-Media Profilbilder oder Apps. Die CYMK Version ist für alle gedruckten Medien vorgesehen, also Visitenkarte, Briefbogen, Flyer usw.

Medium	Farbmodell
Websites	RGB
Bildschirmpräsentationen	RGB
E-Mail Signaturen	RGB
Profilbilder auf Websites	RGB
Flyer, Broschören	CYMK
Visitenkarten	CYMK
Geschäftsbriefe	CYMK

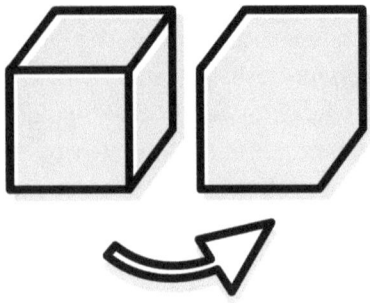

Fehlende monochrome Darstellung

Auch in der Schwarz/Weiß-Darstellung müssen alle Details eines Logos gut erkennbar sein

Warum ist das wichtig?

Auch wenn Schwarz/Weiß-Faxgeräte heute schon längst überholt sind, gibt es immer noch gute Gründe ein Logo so zu gestalten, dass es auch Schwarz/Weiß gut funktionieren kann. Beispielsweise bei Flyern oder internen Dokumenten, die aus ökonomischen Gründen nur in Schwarz gedruckt werden. Oder zur Darstellung auf E-Book Readern mit S/W Display, Gravuren usw. Es gibt immer noch viele Einsatzgebiete für Monochrome Logos. Aus diesem Grund ist jedes professionelle Logo auch sehr gut Schwarz/Weiß darstellbar bzw. besitzt eine S/W Version.

Wie kann dieser Fehler vermieden werden?

Vermeiden sollten wir sanfte Farbverläufe, halbtransparente Elemente, dünne Schriften und Linien. Auch überlappende Elemente im Logo können zum Problem werden, wenn sich diese lediglich durch eine andere Farbe voneinander abgrenzen. Zur besseren Abgrenzung können dann Konturen hilfreich sein.

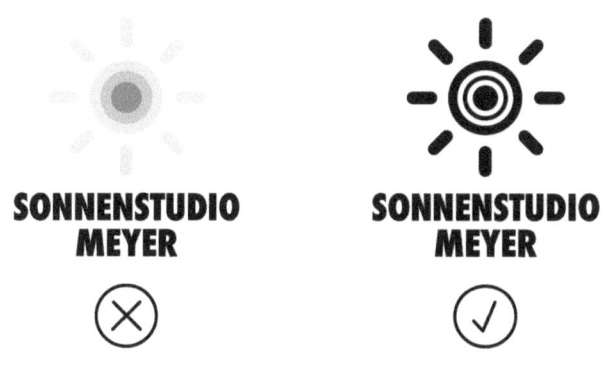

Fehler
vermeiden

Viertens: Fehler bei der Integration

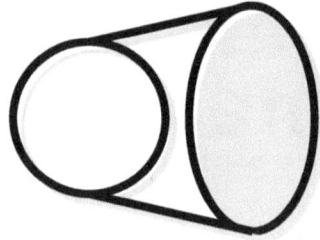

Unproportionale Verzerrungen

Schrift- und Bildelemente sollten in einem Logo nie gestreckt oder gequetscht wirken

Warum ist das wichtig?

Gestreckte oder gequetschte Buchstaben behindern den Lesefluss. Aufgrund unserer Sehgewohnheiten wirken unproportionale Schriften und Bilder befremdlich. Das verringert die Akzeptanz des Logos bei der Zielgruppe.

Wie kann dieser Fehler vermieden werden?

Auch wenn ein Logo mit korrekten Proportionen vorliegt, kann es bei der Darstellung in Werbemitteln zu unerwünschten Verzerrungen kommen. Das passiert oft, wenn wir es in ein Programm (z. B. Präsentations- programme) einfügen und verkleinern oder vergrößern will. Um sicherzustellen, dass das Logo in Breite und Länge gleich vergrößert wird, sollten wir immer die Ecken des Markierungsrahmens nutzen. Ggf. muss in manchen Programmen zusätzlich noch die Shift-Taste gedrückt werden. So stellen wir sicher, dass unser Logo mit den korrekten Proportionen dargestellt wird.

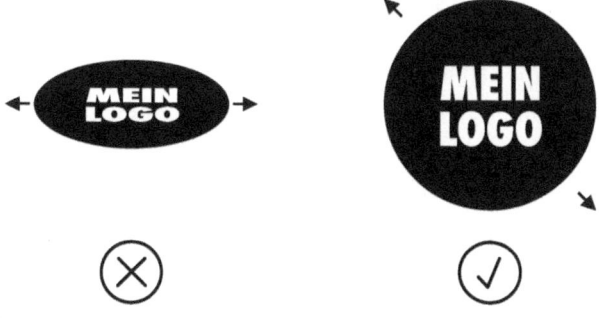

Unruhige Hintergründe

Logos sollten immer auf neutralen einfarbigen Hintergründen dargestellt werden

Warum ist das wichtig?

Auffällige Hintergründe wie z. B. Muster oder Farbverläufe konkurrieren für den Betrachter mit unserem Logo. Muster im Hintergrund erschweren die Lesbarkeit der Buchstaben. Farbverläufe im Hintergrund konkurrieren mit dem Logo und sorgen dafür, dass die

Farbgestaltung des Logos nicht mehr im Fokus des Betrachters liegt.

Wie kann dieser Fehler vermieden werden?

Logos sollten auf einem farblich neutralen Hintergrund platziert werden. Das kann weiß, ein dezenter Grauton oder aber schwarz sein. Falls wir z. B. das Logo in einer Anzeige auf eine Fotografie platzieren, ist es ratsam, eine weiße/schwarze Box einzuzeichnen, in der das Logo platziert wird. Alternativ könnte das Logo auch auf einer Stelle des Bildes platziert werden, an der die Fotografie eine starke Unschärfe aufweist und die Farben entsättigt und kontrastarm sind.

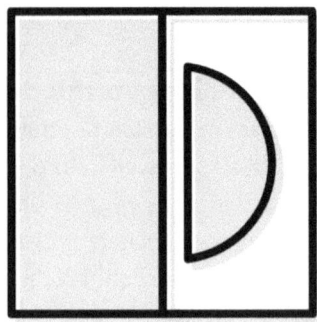

Logo funktioniert nur auf hellen Hintergründen

Auch auf schwarzen oder dunklen Hintergründen müssen Logos erkennbar sein.

Warum ist das wichtig?

Es gibt in der Praxis einige Anwendungsbereiche in

denen Logos auf dunklen oder schwarzen Hintergründen platziert werden. Beispielsweise in Kopfzeilen von Websites oder wenn das Logo im Partner- oder Sponsorenbereich auf einer Website dargestellt wird, die mit dunklen Farben arbeitet. Falls wir nur eine Version für weiße/helle Hintergründe haben, ist das Logo nicht gut integrierbar.

Wie kann dieser Fehler vermieden werden?

Die meisten Logos werden für einen weißen Hintergrund erstellt. Wir sollten dafür sorgen, dass auch eine Version des Logos für die Darstellung auf einem schwarzen oder dunklen Hintergrund vorliegt. Oft reicht es aus, Schriftfarbe und Kontur des alternativen Logos weiß einzufärben. Bei farbigen Logos sollten die Farben so gewählt sein, dass sie auf hellen und auf dunklen Hintergründen gut erkennbar sind.

> Noch ein wichtiger Tipp: Wird das Logo auf einem schwarzen Hintergrund z. B. in einer Zeitung gedruckt, so ist es wichtig, dass Schriftzeichen und Linien des Logos nicht zu dünn bemessen sind. Durch den Farbauftrag verläuft die Tinte auf dem Papier. Sehr dünne Linien oder Buchstaben verschwinden oder sehen verwaschen aus.

Mangelnde Distanz zu anderen Elementen

Ein Logo braucht ringsum Platz, um wirken zu können

Warum ist das wichtig?

Wichtige grafische Elemente kommen am besten zur Geltung, wenn sie sich deutlich von anderen Objekten abgrenzen. In einem gedrängten Layout kann es schnell vorkommen, dass ein Logo aufgrund geringer Abstände an Bedeutung und somit an Kommunikationskraft verliert.

Wie kann dieser Fehler vermieden werden?

Auf Websites, in Flyern oder Plakaten muss rund um das Logo ausreichend Platz bis zum nächsten grafischen Element vorhanden sein. Als Faustregel sollten es mindestens 10 % der Breite/Länge des Logos sein.

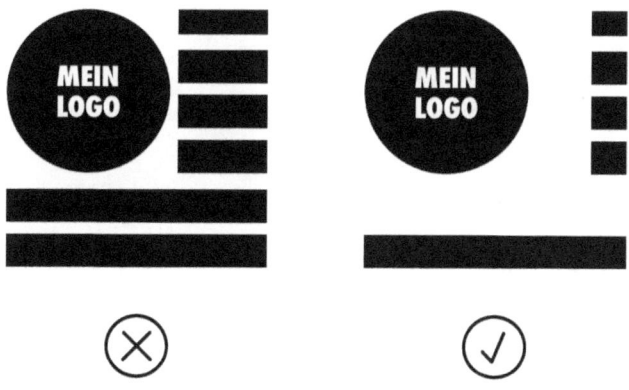

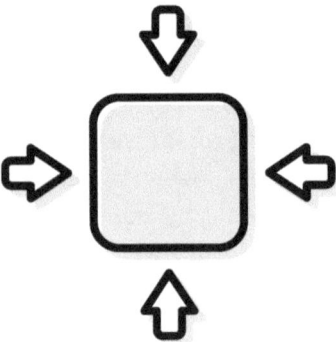

Eingerahmtes Logo

Ein Logo sollte nie von einem zu eng gesetzten Rahmen umgeben sein

Warum ist das wichtig

Ein Rahmen ist im Layout ein gängiges Mittel, um Inhalte voneinander abzugrenzen bzw. Inhalte hervorzuheben. Bei einem Logo besteht allerdings die Gefahr, dass der Betrachter den Rahmen als Teil des Logos wahrnimmt. Das sorgt für eine uneinheitliche Wahrnehmung des Logos.

Wie kann dieser Fehler vermieden werden?

Auch wenn der Platz im Layout eines Flyers oder Plakats gering ist, sollte das Logo mit einem ausreichenden Leerraum von anderen Elementen abgrenzt werden, statt einen eng gesetzten Rahmen zu verwenden.

Umsetzung starten

Nachdem wir uns nun eingängig mit den Qualitätskriterien und den Anforderungen des eigenen Logos befasst haben, kommen wir zum eigentlichen Gestaltungsprozess. Die erste Frage zu Beginn der Gestaltungsphase lautet meist: »Wer soll das Logo gestalten?«

Wer soll das Logo gestalten?

Als Unternehmer haben wir für die Umsetzung in der Regel drei Möglichkeiten:

1. **Lokaler Designer:** Wir beauftragen einen Designer aus unserer Region, weil wir einen guten Service Vor-Ort wünschen
2. **Remote Designer:** Wir beauftragen einen global agierenden Designer über ein Onlineportal, welcher aufgrund seines Sitzes günstigere Stundensätze verlangt.
   (entsprechende Vermittlungsplattformen sind im Kapitel Ressourcen gelistet)
3. **DIY:** Wir selbst oder ein Bekannter haben die notwendige grafische Expertise, um das Logo selbst zu gestalten (entsprechende Softwareempfehlungen sind im Kapitel Ressourcen gelistet)

Alle drei Möglichkeiten haben Vor- und Nachteile. Am Ende kommt es darauf an, worauf der eigene Fokus liegt. Geht es erst einmal nur darum einen günstigen Designvorschlag zu erhalten? Wird ein Geschäftspartner gesucht, der perspektivisch auch künftige grafische Projekte betreuen soll?

Die folgende Tabelle soll dabei helfen, die richtige Entscheidung für unsere jeweilige Situation zu treffen.

Fokus	Remote Designer	Lokaler Designer	DIY
Ich möchte Kosten beim Gestaltungsprozess sparen	■	□	■
Ich möchte wenig Zeit in den Gestaltungsprozess investieren	■	■	□
Ich wünsche neben der Gestaltung auch eine umfassende Beratung	□	■	□
Ich möchte den Gestaltungsprozess komplett selbst kontrollieren	□	□	■
Ich suche auch einen Geschäftspartner für künftige grafische Projekte	□	■	□
Ich möchte meine Region wirtschaftlich unterstützen	□	■	□
Ich möchte erst einmal nur einen günstigen Designvorschlag	■	□	□

■ wahrscheinlich
□ weniger wahrscheinlich

Das Designbriefing

Es gibt viele gute Gründe das Logodesign bei einem Spezialisten in Auftrag zu geben. In diesem Fall sollten wir dringend darauf achten, das Briefing so klar wie möglich zu formulieren. Als Hilfsmittel dient die folgende Vorlage, die auch als Textdatei im Downloadbereich zu diesem Buch (S.94) heruntergeladen werden kann. Mithilfe dieser Vorlage kann der Designer das gewünschte Logo perfekt auf das Unternehmen und die vereinbarten Ziele ausrichten.

Formelles

- Der folgende Name (Unternehmensname) soll Teil des Logos sein:
- Unsere Firma ist folgender Branche zuzuordnen:
- Unsere Unternehmensfarbe ist (Farbe nennen ggf. RGB- und CYMK-Werte, falls bekannt):
- Wir haben eine Hausschriftart:

Strategisches

- Unser Logo soll die folgende Zielgruppe ansprechen:
- Das Logo soll die folgenden Unternehmenswerte vermitteln:
- Wir möchten das Logo hauptsächlich auf den folgenden Medien platzieren:

- Das Logo sollte uns beim Erreichen folgenden Unternehmensziels unterstützen:

Gestalterisches

In welche gestalterische Richtung soll das Logo gehen?

klassisch	☐ ☐ ☐ ☐ ☐	modern
erwachsen	☐ ☐ ☐ ☐ ☐	jugendlich
feminin	☐ ☐ ☐ ☐ ☐	maskulin
verspielt	☐ ☐ ☐ ☐ ☐	minimalistisch
sparsam	☐ ☐ ☐ ☐ ☐	luxuriös
abstrakt	☐ ☐ ☐ ☐ ☐	wörtlich
farbreduziert	☐ ☐ ☐ ☐ ☐	farbenfroh

Nutzung

- Für das beauftragte Logo überträgt uns der Auftragnehmer exklusive, zeitlich und räumlich unbegrenzte Nutzungsrechte.
- Das Logo wird in einem gängigen Vektordateiformat (SVG, EPS, PDF) zur Verfügung gestellt
- Das Logo wird im RGB- und CYMK-Farbmodell geliefert. Außerdem liefert der Auftragnehmer eine Monochrome Version des Logos.

Checkliste zur Qualitätsprüfung des Logos

Egal, ob wir selbst das Logo gestalten oder das Design in Auftrag geben, am Ende zählt die Qualität des Logos. Die Qualität unseres Logos können wir anhand der folgenden Checkliste prüfen. Sie fasst die Kernaussagen der vorherigen Kapitel zusammen und dient als Tool, um in der Gestaltungsphase die Anforderungen an das Logo klar im Blick zu haben.

Strategische Anforderungen	Infos	Check
Ich kann mich gut mit meinem Logo identifizieren	S.32	
Das Logo spricht meine Zielgruppe an	S.22	
Auch andere Personen erkennen die Aussage meines Logos	S. 22	
Das Logo ist einzigartig und kann als Markenzeichen geschützt werden	S.24	
Das Logo ist originell und bedient keine langweiligen Klischees	S.30	

Gestalterische Anforderungen	Infos	Check
Die Gestaltung des Logos basiert nicht auf einem aktuellen Designtrend	S.40	
Logotext beinhaltet maximal zwei verschiedene Schriftarten	S.52	

Gestalterische Anforderungen	Infos	Check
Klare Formgebung	S.14	
Logo definiert sich nicht über grafische Effekte	S.36	
Es liegen keine unproportionalen Verzerrungen vor	S.76	
Das Bildelement des Logos besteht nicht aus Cliparts oder Stockfootage	S.34	
Das Bildelement des Logos ist keine Fotografie	S.48	
Das Logo ist auch bei kleinen Darstellungen gut erkennbar	S.38	
Auch einfarbig sind alle Elemente des Logos gut erkennbar	S.72	
Farben sind passend zur Kommunikation gewählt	S.42	
Es existiert ein klares Farbschema	S.64	
Es befindet sich kein ß zwischen Großbuchstaben	S.58	
Es befindet sich kein verstümmelter Gedankenstrich im Logo	S.60	
Das Logo ist kontrastreich in der Darstellung	S.62	
Linienstärken wurden so gewählt, dass sie auch bei kleiner Skalierung gut sichtbar sind	S.54	
Schriftstärke wurde so gewählt, dass sie auch bei kleiner Skalierung gut sichtbar ist	S.54	

Logo Integration	Infos	Check
Logo wird nicht durch einen engen Rahmen begrenzt	S.84	
Logo sitzt auf neutralem Hintergrund	S.78	
Logo grenzt sich ausreichend von anderen grafischen Elementen ab	S.82	

Technische Anforderungen	Infos	Check
Logo liegt als editierbare Vektordatei (EPS, SVG, PDF) vor	S.68	
Editierbare Projektdateien liegen vor (AI, PDF …)	S.68	
Logo liegt in RGB-Farben für die Darstellung auf Bildschirmen vor	S.70	
Logo liegt in CYMK-Farben für Druckmedien vor	S.70	
Es liegt eine Schwarz/Weiß-Version vor	S.72	

 Designbriefing & Checkliste im DIN A4 Format zum herunterladen unter:
www.ralfschmitzer.de/downloads

Ressourcen

Designer finden

Falls ein Designer aus der Region oder über das eigene Netzwerk für die Gestaltung des Logos nicht infrage kommt, gibt es noch die Möglichkeit, sogenannte Remote Services zu nutzen. Hierzu eine Liste der relevantesten Plattformen.

- **99designs:** Diese Plattformen bietet zwei Möglichkeiten. Zum einen können Designer ganz klassisch direkt beauftragt werden. Alternativ ist es auch möglich, ein Preisgeld auszusetzen und einen Wettbewerb unter mehreren Designern zu starten. Der Designer mit dem gewählten Logo gewinnt und erhält das Preisgeld. Im Gegenzug erhält der Auftraggeber die Nutzungsrechte für das Logo. *www.99designs.de*

- **DesignCrowd:** Das gleiche Prinzip wie 99designers bietet auch die Plattform DesignCrowd *www.designcrowd.de*

- **Fiverr:** Bei Fiverr lassen sich Logodesigns direkt beauftragen. Viele Aufträge starten schon ab 5 $. Auch hier kann ein seriöser Anbieter ein gutes Logo gestalten, wenn Anforderungen und Designkriterien zuvor klar definiert wurden. Allerdings bleibt es selten bei 5 $, wenn man mehrere Korrekturphasen oder Dateiformate benötigt. *www.fiverr.com*

- **Envato Studio:** Auch hier lassen sich Freelancer weltweit für das eigene Logodesign beauftragen. Die Preise sind auf den ersten Blick höher als bei Fiverr, allerdings sind hier oft schon Korrekturen und alle Dateiformate im Preis enthalten. *studio.envato.com*

- **Dribbble:** Besonders gute Designer sind bei Dribbble mit ihrem Portfolio vertreten. Hier kann man schnell und einfach Kontakt mit den Designern aufnehmen. *https://dribbble.com*

- **Das Auge:** Das deutsche Pendant zu Dribbble ist die Plattform das Auge und eignet sich für Unternehmer, die nationale Designer suchen und lieber in Deutsch kommunizieren. *www.dasauge.de*

Software zum Erstellen und Bearbeiten von Logos

Kostenpflichtige Software

- **Adobe Illustrator:** Branchenstandard unter den vektorbasierten Grafik- und Zeichenprogrammen. Der erste Monat ist kostenfrei, danach muss die Softwarelizenz abonniert werden.
www.adobe.com
- **CorelDraw:** Verbreitete Software für vektorbasierten Zeichnen am PC & MAC. Softwarelizenz kann abonniert oder einmalig erworben werden.
www.coreldraw.com/de
- **Affinity Designer:** Günstige und leistungsstarke Alternative zu Adobe Illustrator und CorelDraw.
www.affinity.serif.com/de

Kostenfreie Software

- **Inkspace:** Freie, plattformunabhängige Software zur Bearbeitung und Erstellung zweidimensionaler Vektorgrafiken.
www.inkscape.org

- **LibreOfficeDraw:** Teil der LibreOfficeSuite. Ermöglicht das Zeichnen und Exportieren von Logos in vektorbasierten Dateiformaten. de.libreoffice.org
- **Scribus:** Eigentlich ein Programm zum Erstellen von Print-Layouts, welches aber auch das Zeichnen und Exportieren vektorbasierter Logos ermöglicht. www.scribus.net

Online-Tools

- **Canva:** Ein umfangreiches Online-Design Tool zum Erstellen von Grafiken. Die Erstellung eines Accounts ist gratis. *canva.com*
- **Vectr:** Eine kostenlose Grafiksoftware, mit der Vektorgrafiken einfach und intuitiv erstellt werden können. *vectr.com*
- **Iconfinder/Editor:** Grundsätzlich ist dies ein Marktplatz für Piktogramme. Dort gibt es aber auch einen kostenfreien Icondesigner, mit dem sich Logos kreieren und in entsprechenden Formaten exportieren lassen. www.iconfinder.com/editor/

Schlussworte

Obwohl beim Begriff Logodesign fast jeder sofort an Gestaltung denkt, steckt im Begriff »Design« deutlich mehr. Ein »echter« Designer sucht Lösungen für eine bestimmte Aufgabe. Im Falle des Logodesigns lautet die Aufgabe demnach nicht, einfach ein schönes Bildchen für das Unternehmen zu malen. Vielmehr sucht der Designer eine Symbolik, die viele Anforderungen gleichzeitig erfüllen muss. Sie muss die Unternehmenswerte mit voller Kraft kommunizieren, von vielen Menschen schnell erfasst werden können und dennoch einen hohen Wiedererkennungswert bieten. Ein wirklich gutes Logodesign ist also eine komplexe Aufgabe, bei der viel schiefgehen kann und die eine gute Zusammenarbeit zwischen Designer und Auftraggeber erfordert.

Wir, als Unternehmer, können die Qualität des Logos maßgeblich beeinflussen, wenn wir uns die folgenden drei Kernaussagen dieses Guides zu Herzen nehmen:

1. Logodesign lässt sich nicht einfach delegieren
Im Kern eines Logos finden sich die Unternehmens- und

Markenwerte. Diese kennt niemand besser als wir selbst. Es lohnt sich, die Zeit zu investieren, um diese Werte zu erforschen und dem Designer mit dem Auftrag für das Logodesign ein klares Briefing an die Hand zu geben. Durch ein klares Briefing erhöhen sich die Chancen erheblich, am Ende des Designprozesses ein Logo zu erhalten, welches perfekt zum Unternehmen oder der Marke passt. Als Hilfestellung dient das Muster für das Designbriefing in diesem Buch (S.90).

2. Wir müssen die wichtigsten Qualitätskriterien kennen

Ein Logodesign nur auf Basis der reinen Ästhetik zu bewerten, ist ein grober Fehler. Die Ästhetik ist nur eines von vielen Qualitätskriterien. Neben der Ästhetik sind auch andere Merkmale wichtig: Funktioniert das Logo langfristig? Spricht das Logo meine Zielgruppe an? Kann sich mein Unternehmen mit dem Logo identifizieren? Kommuniziert es unsere Werte usw.

3. Die richtige Handhabung des Logos ist wichtig

Auch das perfekt gestylte und auf das Unternehmen abgestimmte Logo kann an Kommunikationskraft verlieren, wenn wir es im Alltag falsch einsetzen, indem sich beispielsweise typische Fehler bei technischen

Handhabung einschleichen. Als Hilfestellung für den täglichen Gebrauch dient die Checkliste für das Logo in diesem Buch (S.92).

In der Summe sind gute Logos demnach zeitlos, markant und kommunizieren die wichtigsten Infos an die Zielgruppe auf eine einfache und verständliche Art und Weise.

Ich wünsche allen Leserinnen und Lesern, dass sie mithilfe dieses Guides genau ein solches Logo für das eigene Unternehmen finden.

Glossar

Corporate Design
Einheitliches Erscheinungsbild des Unternehmens, insbesondere für die visuelle Kommunikation.

CYMK
Farbraum zur Darstellung von Farbbildern auf Druckerzeugnissen.

DPI
Dieser Wert gibt die Anzahl der Bildpunkte pro Inch (DPI = Dots per Inch) an. Für Ausdrucke sollte dieser Wert bei mindestens 300 liegen.

Formensprache
Gegenstände und Räume die bildliche Vergleiche in ihrem Design wieder aufnehmen

Pixel
Eine Rastergrafiken wie z. B. das Bild einer Digitalkamera bestehen aus vielen Tausend Bildpunkten. Ein Pixel ist ein Bildpunkt.

Rastergrafik
Rastergrafiken bestehen aus gerasterten Anordnungen von Bildpunkten (Pixel). Je höher die Auflösung desto größer kann das Bild ohne sichtbare Qualitätseinbußen vergrößert werden.

RGB
Farbraum zur Darstellung von Farbbildern auf Bildwiedergabegeräten

Serife
Feine Linien, die einen Buchstabenstrich am Ende abschließen. Typischerweise werden Serifenschriften in gedruckten Medien mit hohen Textanteilen wie Bücher, Zeitschriften oder Zeitungen eingesetzt, da Serifen die Buchstaben binden und somit den Lesefluss beschleunigen.

Serifenlose Schriften/Sans Serif
Sand Serif Schriftarten verzichten auf Serifen. Dadurch wirken diese moderner und minimalistischer. Bei kleinen Darstellungen oder auf Displays mit geringer Auflösung ist das Schriftbild serifenloser Schriften deutlicher.

Typografie

Kunst der Gestaltung von Druck-Erzeugnissen nach ästhetischen Gesichtspunkten

Vektorgrafik

Computergrafik, die aus grafischen Primitiven wie Linien, Kreisen, Polygonen oder allgemeinen Kurven zusammengesetzt ist. Im Gegensatz zu gerasterten Grafiken können Vektorgrafiken unendlich groß skaliert werden.

Weitere Literatur für Gründer/-innen

Selbstständig in 25 Tagen

Ein kompaktes Programm für den erfolgreichen Start in ein neues Leben
ISBN-10: 3746956994
ISBN-13: 978-3746956992

Freiberufler-werden.de

Kostenfreie Blogbeiträge, nützliche Onlinerechner und eine starke Community für Selbstständige.
www.freiberufler-werden.de

Zeitfracht Medien GmbH
Ferdinand-Jühlke-Straße 7
99095 Erfurt, Deutschland
produktsicherheit@kolibri360.de